实用短棍术

刘勇 李春木 著

人民体育出版社

图书在版编目（CIP）数据

实用短棍术 / 刘勇, 李春木著. -- 北京 : 人民体育出版社, 2012 (2025.9重印)
ISBN 978-7-5009-4223-8

Ⅰ.①实… Ⅱ.①刘…②李… Ⅲ.①棍术（武术）— 中国 Ⅳ.①G852.25

中国版本图书馆CIP数据核字(2011)第274366号

实用短棍术

刘勇　李春木　著
出版发行：人民体育出版社
印　　装：北京新华印刷有限公司

开　本：850×1168　32开本　　印　张：5.25　　字　数：117千字
版　次：2012年5月第1版　　印　次：2025年9月第9次印刷
书　号：ISBN 978-7-5009-4223-8
印　数：21,001—22,500册
定　价：21.00元

版权所有·侵权必究
购买本社图书，如遇有缺损页可与发行与市场营销部联系
联系电话：（010）67151482
社　　址：北京市东城区体育馆路8号（100061）
网　　址：https://books.sports.cn/

前　言

棍是武术十八般兵器的一种，有长棍、齐眉棍、鞭杆、短棍、两节棍、三节棍之分。短棍因取材容易、携带方便、实用性强的特点，自古以来就是人们防身自卫的有效武器。

这套短棍术是我们在长期从事高校武术教学过程中，感悟中国传统武术技艺精髓，在传统棍术的基础上，结合警棍术的实用方法创编而成的一个应用型套路。该套短棍术内容丰富，技法乖巧，实用性强，不光包括了传统武术的劈、扫、撩、戳、顶、点、挑、格、挡、架等基本棍法，还有缠、锁、别等擒拿方法。该套路共分四段，每段均有10个动作，加上起收势共有42个动作。每段最后一个动作后边加一个收势动作，均可独立成段，方便教学和练习。该套短棍术叙述上采用一个动作配一个实用方法，有利于记忆。

本套路动作简单，朴实无华，易于学练，不论有无武术基本功均可学练。练习该套短棍术既可作为生活中健身锻炼的运动项目，又可作为抗暴防身的技艺，也可作为格斗教材运用于军警训练。

在套路编写成书的过程中，张广辉参与了大量的创编过程，郑帅与李苗苗进行了动作示范，赵博担任摄影和图片处理，对于他们的辛勤劳动，在此表示衷心感谢。由于水平有限，该套短棍术在编排的过程中难免存在着一些不足之处，希望读者和有关专家批评指正。

编　者

目 录

第一节 短棍概述 …………………………………（ 1 ）

    一、棍的质地、规格 ………………………………（ 1 ）

    二、各部位名称 ……………………………………（ 1 ）

    三、短棍的基本握法 ………………………………（ 2 ）

    四、握棍的基本手型 ………………………………（ 4 ）

    五、短棍的基本技法 ………………………………（ 5 ）

第二节 套路说明及实用方法 ……………………（ 15 ）

    第一段 ………………………………………………（ 16 ）

    第二段 ………………………………………………（ 40 ）

    第三段 ………………………………………………（ 61 ）

    第四段 ………………………………………………（ 82 ）

第三节 短棍术学习建议及注意事项 ……………（114）

    一、学习武术图解知识 ……………………………（114）

    二、识图自学的方法与步骤 ………………………（124）

    三、注意事项 ………………………………………（126）

第四节 短棍术的准备活动 ………………………（128）

    一、棍棒操第一套 …………………………………（128）

    二、棍棒操第二套 …………………………………（138）

    三、棍棒操第三套 …………………………………（148）

第一节 短棍概述

一、棍的质地、规格

短棍的材料以白蜡杆为最佳，也可用其他硬质木、橡胶、铝合金等材料制成；短棍长度一般在 50 厘米左右，直径 2~2.5 厘米。（图1）

二、各部位名称

一般棍体呈一端稍粗，另一端稍细；粗的一端为把端，细的一端为梢端；整个短棍又分为三段，即把段、中段、梢段，各部位名称见图1。

图1

三、短棍的基本握法

(一) 单手握法

单手握棍的方法有 4 种。

(1) 正握：一手握于棍把段，虎口所对方向为梢端，小指所对应方向留 2 厘米的空隙。（图 2）

(2) 中握：一手握于棍中端，棍两端距离相等。（图 3）

(3) 反握：一手握于棍把端，小手指所对方向为棍梢端，虎口所对应棍把端留 2 厘米的空隙。（图 4）

(4) 背棍：握法与反握棍法要求一致，不同的是要直臂扣腕，将棍身置于臂后，棍身紧贴于臂。（图 5）

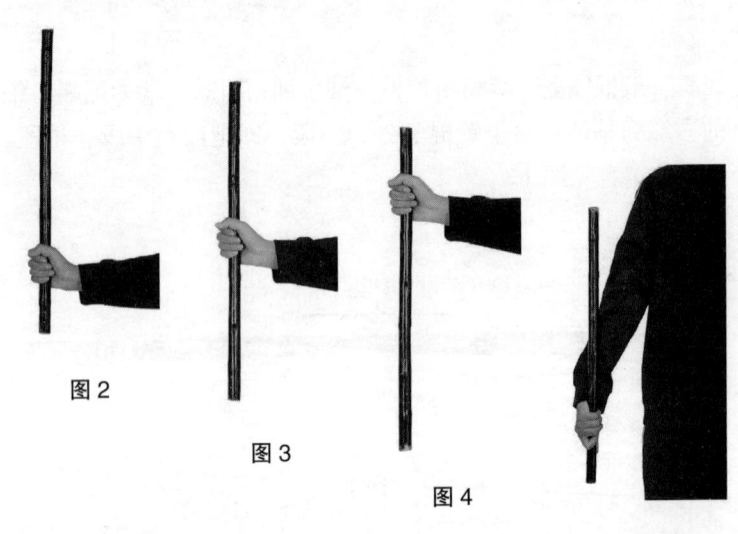

图 2

图 3

图 4

图 5

（二）双手握法

双手握棍的方法有 5 种。

（1）正握法：双手左上右下握于棍把端，虎口方向相同朝向棍梢，右手虎口与左手手指紧靠在一起，右手小指所对应方向留 2 厘米的空隙。（图 6）

（2）一端正反握法：双手虎口紧贴在一起，握于棍把端，握于把端手的小指所对应方向留 2 厘米的空隙。（图 7）

（3）分手正握法：双手分开握于棍的两端，虎口均朝向棍梢端，握于把端手的小指所对应方向留 2 厘米的空隙。（图 8）

图 6　　　　　　图 7　　　　　　图 8

（4）开手正反握法：双手分开握于棍的两端，虎口均朝向棍中，小指所对应方向留 2 厘米的空隙。（图 9）

（5）交错手握法：右手心向上握于棍把端，左手由右臂下穿出，手心朝下握于棍中端，虎口朝向棍梢。（图 10）

图 9　　　　　　　　　图 10

四、握棍的基本手型

(1) 满把握：手握棍身，拇指压于食指第二指节上，其余四指并拢紧握棍身，见图2。

(2) 钳把握：虎口挟持，食指环扣棍身，拇指压于食指第一指节处，其余三指松握棍身。（图11）

(3) 螺把握：手握棍身，由小指、无名指、中指、食指依次微凸起呈螺型，拇指压于食指指端上。（图12）

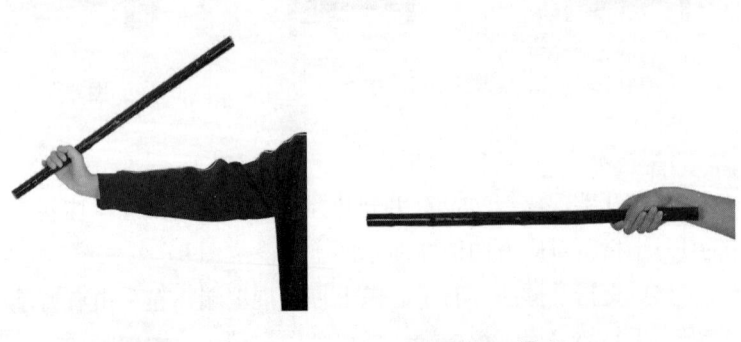

图 11　　　　　　　　　图 12

五、短棍的基本技法

1. 点击

单手满把正握棍把端,手腕突然放松上提成螺把,使棍梢由上向下啄击(以右手持棍为例,以下同之)。(图13-1、图13-2)

图 13-1　　　　　　　图 13-2

要点:动作突然,短促用力,力点达棍梢。
应用:点击多应用于击打对方持器械的手腕和颜面部。

2. 劈击

单手或双手正握棍把端,棍梢端由上向下猛击,称为正劈(图14-1、图14-2)。棍梢端由右(左)上方向左(右)下方斜击,称为斜劈。着力点在棍梢部。(图14-3、图14-4)

要点:动作幅度大,劲力猛。
应用:短棍的劈击应用方法较为广泛,击打部位根据方向的不同,可分为正劈击打头、肩部位;斜劈击打头的侧面和颈部,以及击打对方持器械的手臂。

图 14-1

图 14-2

图 14-3

图 14-4

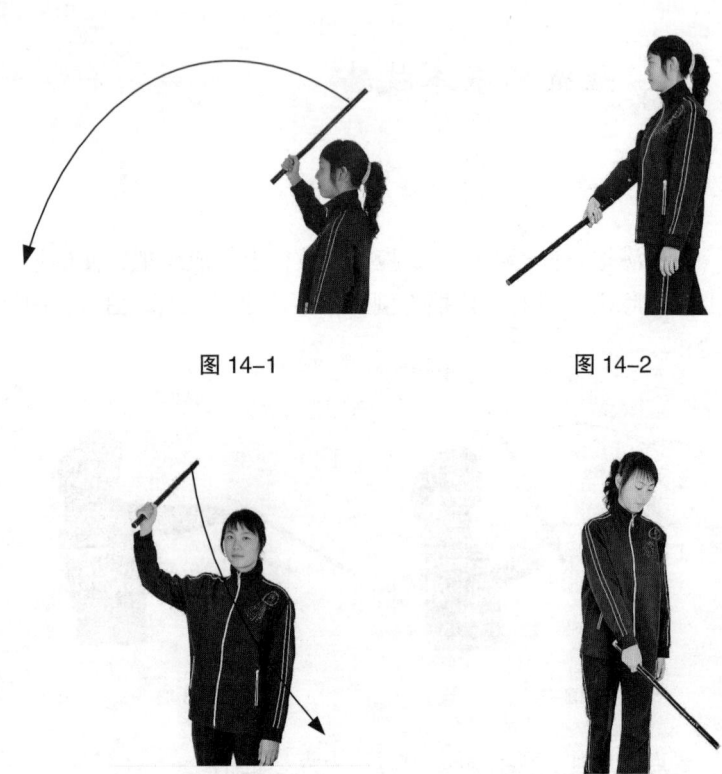

3. 扫击

右手螺把正握棍把端，手心朝下，由身体的左侧以肩带臂，肘关节由屈到伸向右前方横向击出，着力点在棍前部。根据扫击的部位不同，又分为上、中、下3种扫法。（图 15-1、图 15-2）

要点：上扫不过头，中扫不过髋，低扫不高于膝；动作轻快，力达棍前端。

图 15-1 　　　　　　　　图 15-2

应用：扫击根据击打的部位，上部扫击主要攻击对方头的侧面，中部扫击主要攻击对方躯干和手臂部位；下部扫击主要攻击对方的小腿部位。

4. 撩棍

棍沿身体侧面划立圆，由下向上扫击的棍法称为撩棍。根据撩击的方向不同，又分为向前撩和向后撩击。（图 16-1、图 16-2）

图 16-1 　　　　　　　　图 16-2

第一节　短棍概述

要求： 速度要快，力达棍前端。

应用： 撩棍根据手持棍发动时的部位不同，应用也不尽相同。图例中的持棍手由上开始，可以防守身体侧面受到的攻击，而后向前撩击对方的裆部、腹部和下颌部，是一个连削带打的动作。直臂垂棍由体侧发动的，一般情况下隐蔽性较强。可用于主动攻击对方的裆部、腹部、下颌部以及对方持器械的手臂；后撩主要攻击对方的裆部。

5. 挂棍

用棍梢由前向下、向侧后方拨摆的动作称为挂棍。（图17-1、图17-2）

图 17-1 　　　　　　图 17-2

要求： 棍要贴近身体，快速有力，力达棍前端。

应用： 挂棍主要应用于防守，用棍子的前中部位将对方的器械向外挡出。

6. 挡棍

两手握棍两端，使棍身竖直在身前向左（右）挡拦。（图 18-1、图 18-2）

图 18-1 　　　　　图 18-2

要求：动作要快速有力。

应用：挡棍是防守技法，主要是应用于对方横向扫击以及直击时，及时竖棍将对方的拳、械防挡在身体以外。

7. 格棍

一手握棍把端，棍身竖直在身前向左（右）格挡。动作过程基本上同挡棍，力达棍的中上段。（图 19-1、图 19-2）

要求：竖棍要快速，向外要用力。

应用：格棍与挡棍不同之处在于，挡棍是承接、外引、减缓对方的打击力量；而格挡则是防守的同时向侧用力磕击对方，不光具有防守作用，而且具有打击和震荡对方的目的。

图 19-1 　　　　　　　图 19-2

8. 戳棍

用棍梢直线向前戳击。（图 20-1、图 20-2）

图 20-1 　　　　　　　图 20-2

要求：动作要快速有力。力达棍顶梢端。

应用：戳击棍法主要应用于主动攻击对方和防守后的反击。戳棍一般速度较快，但力量不大，以攻击对方的面喉部为主。

9. 顶棍

用棍把端直线向前戳击。（图 21-1、图 21-2）

图 21-1 　　　　　　　图 21-2

要求：身体重心前移要快，要求动作要快速有力。力达棍把端。

应用：顶棍技法多用于主动进攻之中。配合好身法和步法，威力无比。顶击多以对方的腹部为攻击目标，其次为胸部。

10. 挑棍

两手握棍，棍的一端由下向前上方挑起。（图 22-1、图 22-2）

要求：动作要快，力达棍梢。

应用：挑棍棍法主要应用于主动攻击对方，直臂垂棍由体侧发动的，一般情况下隐蔽性较强。可用于主动攻击对方的下颌部。

图 22-1 　　　　　　　　图 22-2

11. 架棍

棍身横平或倾斜，由下向头上举起。（图 23-1—图 23-4）

图 23-1 　　　图 23-2 　　　图 23-3 　　　图 23-4

要求：动作上举要快，棍高于头。

应用：架棍主要是用于防守对方用器械由上向下的劈击，以及架防对方攻击我中上部的直击。架棍分单手架和双手架两种。具体运用哪种方法上架，主要是根据当时是一手持棍还是两只手持棍。

12. 锁棍

持棍手旋转手腕使手心向上，另一手由前臂下穿出手心向下抓握住棍子，双手用力后带并下压。（图24-1—图24-3）

图24-1　　　　　图24-2　　　　　图24-3

要求：旋腕缠绕要快，另一手配合及时，锁拿要紧。

应用：锁棍是缠绕擒拿对方关节的技法。我持棍手腕被对方抓握后，我旋转手腕，在另一手的配合下，利用棍子扣压住对方的手腕。

13. 压棍

两手握棍，棍身横平，由上向下按压。（图25-1、图25-2）

要求：下压要快，力量要猛。

图 25-1

图 25-2

应用：压棍技法是配合其他动作运用的。一般情况下在对方受到击打而导致弯腰，身体前倾时，用棍由上向下压其后颈部；或者对方受到击打导致身体后仰时，再用棍由上向下压其喉部。在其喉部和后颈部压棍，轻压后带可致其倒地，重压猛击可致伤残。

第二节 套路说明及实用方法

(一) 准备姿势

两脚并步成立正姿势,左手持棍端背棍于前臂后,棍身紧贴前臂;右臂自然垂于体侧,上体保持正直,目视前方。(图 26)

图 26

(二) 预备姿势

两臂微上提,前臂稍内旋屈肘,右手握拳,拳心朝后,拳背向前;头稍向左转,目视左前方。(图 27)

图 27

第一段

(一) 震脚推掌

(1) 右腿屈膝在体前提起，左手持棍向前直臂抬起约30°。（图 28）

图 28

（2）右脚原地震脚落步，随即左腿提起向左侧上一步，屈膝半蹲，右腿伸直，成左弓步；同时身体左转，左手持棍向左划弧置于体侧后位；右手成掌手指朝上，坐手腕由腰间向左前方平直推出；目视右掌前方。（图29）

图29

要点：右脚原地震脚要用力，震脚与左腿提膝要同时完成；推掌时劲力要达掌外沿。

实用方法：这个动作有两个使用方法。

（1）我左脚在前侧对歹徒，歹徒用刀刺向我的腰部。我用背于左臂后的棍子的中间部位由前向左后挡出，接着我左脚上前一步，右手击打歹徒的颈部。（图30—图33）

图30 　　　　　　　　　图31

实用短棍术

图32

图33

(2) 我左脚在前侧对歹徒，歹徒用刀刺向我的腰部。我左臂向前抬起，将歹徒刺向我腰部的刀子向右防出。接着我左脚上前一步，右手击打歹徒的颈部。（图34—图36）

图34

图35

18

图 36

(二) 进步侧击

右脚向前一大步，右腿屈膝成右弓步；左臂屈肘至胸前平屈，棍靠于前臂外侧，棍梢朝前；同时右臂体右侧平屈肘，前臂旋外，掌心向内、虎口朝前握住左手虎口前的棍端；目视正前方。（图 37）

图 37

要点： 左手持棍侧击时要向右转腰顺肩，力达棍梢。

实用方法：

我左手背棍，两脚平行站立，身体正面面对歹徒。假设歹徒左手持械攻击我腰部，我右手抬起由上向下拍击歹徒左手腕，继而抓住其手腕向右拨带。接着我左手背后持棍屈肘上抬，用棍的末端击打歹徒右侧颈部或头部。（图38—图40）

图 38

图 39

图 40

（三）上步戳棍

左脚向前一大步，左腿屈膝，成左弓步；左手松棍变掌，掌心朝上，上架于头前上方；同时右手持棍用棍子的末端向前戳出；目视前方。（图41）

图 41

要点：左脚上步时，右手持棍不要随身体前移，而是要稍向后引后再用力前戳。戳棍速度要快，力达棍端。架掌与戳棍要同时完成。

实用方法：

假设歹徒用器械由上向下劈击我头部，我左手屈肘上架，右手持棍向前戳击歹徒面部。（图42—图44）

注：在徒手屈臂向上架防歹徒棍棒或手臂时，上架的前臂不能平屈架放在头顶上方，而应该是手高肘低的姿势。这样的架防姿势有两个用处：（1）歹徒器械击打在我倾斜的前臂上会向下滑动，可使歹徒由上向下的直接击打力得到分解；

（2）歹徒器械击打在我倾斜的前臂上向下滑动，我可顺势翻动前臂缠抱住歹徒器械，有利于我防守后的反攻。

图 42

图 43

图 44

(四) 防左撩击

（1）重心前移至左腿，膝关节伸直；右腿向前提起，大腿与地面平行,小腿下垂,脚尖内扣;同时右臂屈肘回收,右手屈腕手心向内,棍梢朝上,竖棍向左后方格出;随棍势身体左转90°;左掌下落至胸前,手心朝外,手指扶于右手腕内侧;目视身体右侧。(图45、图45附图)

图45　　　　　　　图45附图

(2) 右脚向右前方上一大步,成右弓步;右手持棍经身体左侧向下、向前撩出,左手扶于右臂内侧;目视右前方。(图46)

图46

要点：竖棍左外格要用力，与身体左转要同时进行；撩棍时棍要贴近身体，劲达棍前部。

实用方法：

歹徒用械由右向左横击我肩侧部位，我右手持棍屈肘坐腕，使棍子竖立，由身体右侧经前向左侧挡击，而后右脚上前一大步，右手持棍由左向后、向下、向前撩击歹徒裆部。（图47—图49)

图 47

图 48　　　　　　　　　　图 49

(五) 侧防斜劈

(1) 左脚向前一大步成左弓步；右手腕稍外翻棍头斜向下，右臂屈肘上抬至头前上方，同时左手由腰间向前伸出，手指向前，手心向外；目视左前方。（图50）

(2) 左手上架于头上，掌心向上，手指向右；右手持棍棍身贴近身体从左肩处向后、向右环绕，由右肩上方斜向左前方劈出；目视前方。（图51）

图50　　　　　　　　图51

要点：右手棍在斜架时要快，左臂前伸要直；右手棍在随后的绕肩斜劈中棍子要贴背而行，棍子到右肩上方后，就要向左前方劈出，力达棍端。

实用方法：

歹徒持械斜劈我左侧颈部，我右手持棍斜架于体左侧上方，左手前伸抓握住歹徒左手腕器械，而后右手持棍顺势绕过左侧肩部，经背后至右肩上方出棍，向前斜劈歹徒左侧颈部。

(图52—图54)

图52

图53

图54

(六) 抓棍侧击

(1) 身体重心稍后移，右腿稍弯曲，左脚擦地回收约半

步；右手持棍屈肘回收至腰间，左手由上下落，手心朝下抓握棍的另一端。（图55）

（2）左手用力回带并下按；身体重心前移，右腿伸直，左手持棍回收至左侧腰间，同时右手持棍由腰间向前上方推击；目视前方。（图56）

图55 　　　　　　图56

要点：右手持棍回撤与身体后移要同步，左手接棍回带与右手持棍向前推击要同时发力。

实用方法：

我右手棍在击戳歹徒时，棍头被歹徒右手抓住，我右臂屈肘回收，左手前伸抓住歹徒握棍之手虎口处，使歹徒手被我控制在棍子上不得挣脱，随即我左手向左侧猛力回拉。其目的一是致歹徒右手腕极度背伸产生剧痛；另一个目的是使歹徒身体重心被迫移动，而无法进行有效的反攻。在左手回拉的同时，右手持棍向前猛推，用棍的末端击打歹徒头颈部。（图57—图59）

图 57

图 58　　　　　　　　图 59

（七）顶棍前点

（1）双手持棍向身体左侧回收，身体随之左转；同时身体重心移至左腿，右腿提膝抬起。（图 60）

（2）身体重心前移，右脚向前上一大步成右弓步，随身体

28

重心前移之势，右手松握棍梢向后滑把露出棍端之后，双手持棍向前方猛力顶出。（图61）

图60

图61

（3）左手松棍变拳收回腰间；右手持棍向外翻腕前压使棍头由身体左侧向上、向前点击；目视前方。（图62）

图62

要点：（1）移重心与收棍动作要一致；右脚落步与棍子前顶要同时到位；

（2）右手翻腕前点时，手腕有下沉动作，棍子要走立圆，力达棍梢。

实用方法一：

我正面站立对歹徒，双手持棍垂于体前，歹徒双手持械由上向下劈击我头部，我迅速弓身前伏，右脚向前一大步，双手持棍向前（右手在前）顶击歹徒腹部。当歹徒被我击中腹部，弓身后退，低头护痛时或者为躲避我攻击而采用收腹后退时，我立即左手松棍，右手持棍向外翻腕，用棍梢部由上向前点击歹徒面部。（图63—图65）

图63

图64

图 65

实用方法二：

我右手持棍由左向右平扫时，被歹徒右手抓住手腕，我右臂下沉，前臂外旋手腕外翻，用棍末端别压歹徒手腕，迫使歹徒松手，继而用棍梢端点击歹徒面部。（图 66—图 68）

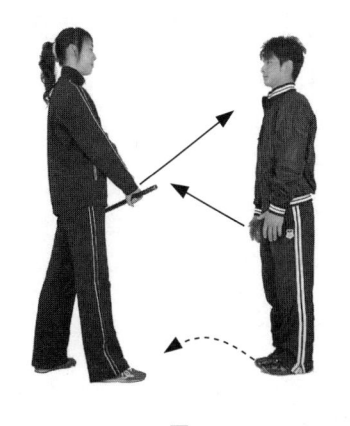

图 66

图 67

31

图 68

(八)撩棍平扫

(1) 身体左转 180°，右腿伸直，左腿膝关节弯曲，成左弓步；左手由右向下、向左划弧至左前方；右手持棍由右侧向下、向左前方撩击，力达棍梢，待棍撩至左前方时左手横掌，小指一侧向前，由上向下拍击右手前臂；目视左前方。(图 69)

图 69

（2）身体右转 90°，左腿屈膝全蹲，右腿伸直平仆，两脚全掌着地成右仆步；右手持棍由左前方向前、向右下扫击至右脚上方；左手上举，掌心向上架于左上方；目视右前下方。（图 70）

图 70

要点：左转体时要快，撩棍要贴近身体；右转体仆步扫棍要突然有力，力达棍梢。

实用方法：

这是我右手持棍对付分别站立我身体两侧歹徒的动作。当左侧之歹徒右手持匕首向前刺我时，我身体左转用左臂向外格挡歹徒持匕首之臂，右手持棍由下向左、向上撩击歹徒裆部。此时右侧之歹徒定会趁机上步向我发起攻击，我乘机突然下蹲，身体右转成右仆步，右手持棍由左肩上方向右侧扫击歹徒小腿。（图 71—图 73）

实用短棍术

图 71

图 72

图 73

34

(九) 上步劈棍

(1) 上体抬起，重心前移，右腿屈膝左腿蹬直成右弓步；右手持棍坐腕屈肘至身体左侧，棍头斜指左下方；左臂屈肘于胸前，左掌手心向前，手指向上搭于右手腕处；目视左前方。（图74）

图74

(2) 身体重心前移，左脚向前一大步，左腿屈膝右腿蹬直成左弓步；右手持棍上举，左手随之上举在头侧握住右手，双手持棍由头上方向前劈出，力达棍梢；目视前方。（图75）

图75

要点：移身体重心与右手棍斜架要同时完成，右手要高举过头顶；左脚上步与双手握棍、向前劈棍要协调连贯，劈棍要有力。

实用方法：

我右手持棍与歹徒对面站立，歹徒用械由右上斜劈我左侧颈部，我右臂屈肘持棍上抬，斜架于左肩上方向外格击，为防歹徒之攻击过大，我一手格架不住，左手亦随右臂格架时扶撑在右手腕处。在格架之后，乘歹徒手尚未收回之际，我左手握于右手之上，双手持棍上举过头，迅速上左步，将棍由上向下劈击歹徒头部。（图76—图78）

图76

图77

图 78

（十）蹬腿前戳

（1）身体重心前移，左脚蹬地提膝跳起使身体腾空，右脚迅速跟进落于原左脚位置，左脚脚尖钩起向前上方挺伸膝关节，力达脚跟；同时双手回撤，左手松棍收回左腰间，右手持棍收至右侧腰间，棍头向前；目视前方。（图 79、图 80）

图 79 　　　　　　　图 80

用短棍术

（2）左脚向前一大步落地，右脚迅速跟进落于左脚内侧，两腿膝关节弯曲成半蹲；右手持棍前伸棍头向前，左手于胸前握住右手，两手合力向前戳击；目视前方。（图81、图82）

图81

图82

要点：右脚跟进要快，左脚提膝要高于髋，蹬伸要有力；左脚上步前落距离要适中，双手合力前戳要有爆发力。

实用方法：

我左脚在前，双手用棍攻击歹徒时棍梢被歹徒抓住。我两臂屈肘回拉棍，同时右脚向前垫步，提左脚向前蹬击歹徒腹部。当歹徒收腹松棍后退之际，我左脚向前落步，右脚跟进落于左

脚旁屈膝半蹲，两手持棍向前戳击歹徒腹部。（图83—图85）

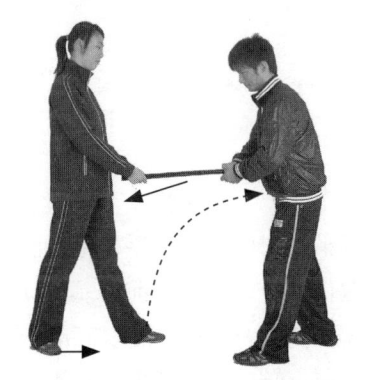

图83

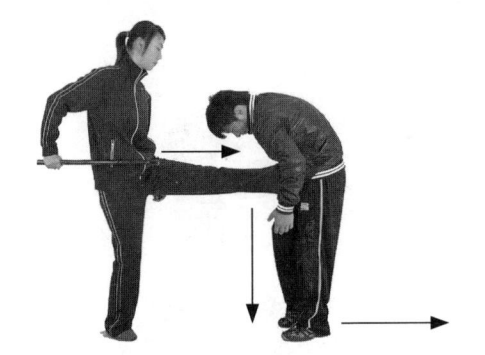

图84

图85

第二段

（十一）架顶侧击

（1）右脚后撤一大步，身体右转90°，左腿膝关节伸直右腿膝关节弯曲成右弓步；同时右臂平屈肘回收，左手松棍翻腕变掌心向下，于胸前右手虎口前握住棍子；目视左前方。上动不停，身体继续右转90°，右手松棍变拳屈肘上架于额前上方，拳眼向下；左手虎口向前，持棍把端向前方顶出；目视前方。（图86）

图86

（2）左脚上前一大步，膝关节弯曲成左弓步；左手持棍棍身紧靠前臂外侧，随身体右转之势平屈肘于胸前，棍头斜指前方；同时右手变掌由头上下落至胸前，掌心向下，虎口向前，与左手虎口相对握住棍身；目视左前方。（图87）

图87

要点：转体要快、动作连贯；上架臂与左手顶棍要同时完成。转体架顶与上步侧击动作衔接要有层次感。

实用方法：

这是一个对付歹徒从身后偷袭的动作。我背面对歹徒，开脚站立，两臂下垂于体前。当我发现背后有歹徒突然向我攻击时，我迅速后撤右步，右臂屈肘上架，同时左手背棍，提臂屈肘手腕下压，用棍柄向前戳击歹徒喉部。继而左脚向前一步，左臂屈肘用棍子末端侧击歹徒头、颈部。（图88—图90）

图88 　　　　　　图89

第二节　套路说明及实用方法

图 90

(十二) 压棍截腿

（1）下肢不动，左臂随身体左转之势稍外展上抬至肩部高度，右手松棍变掌，掌心向下手指向前，由左臂下向前伸出。（图 91）

图 91

（2）右手腕外旋，手指抓握成拳并翻腕变拳心向上，由前回收至腰间；左手持棍平屈肘由上向下压至腹前；同时身体重心前移至左腿，右腿抬起，脚尖钩起小腿外旋，脚内侧向前，

伸膝关节向前下方蹬出；目视前方。（图92）

图92

要点：右手前伸要用力，握拳旋臂回收身体要向右转，左臂屈肘下压、右手握拳回收和右脚截蹬要同时完成。

实用方法一：

歹徒双手持械扫劈我身体左侧，我左手持棍竖肘向左侧防出，右手成掌，掌心向下手指向前，向前伸出，用手指向前戳击歹徒的颈喉部位。（图93—图95）

图93

用短棍术

图94

图95

实用方法二：

歹徒右手持刀刺向我胸腹部，我右手前伸抓握住歹徒手腕，外旋回收，左手背棍，屈肘下压在歹徒被反关节的肘部，同时提起右腿脚尖上钩，小腿外旋，用脚内侧截蹬歹徒小腿正面胫骨。（图96、图97）

图96

图97

(十三) 外格冲拳

右脚原地向下震脚落步,紧接着左脚提起向前一大步,膝关节弯曲成左弓步;同时左手持棍由腹前屈肘竖起向外格出,随即右手握拳由腰间向前旋臂冲出。(图98—图100)

图 98

图 99 　　　　　　　　图 100

要点：左脚向前落地后，身体重心要迅速前移；左臂外格挡的幅度不要过大，以防出身体既可，向外格挡和冲拳要依次完成。

实用方法：

歹徒用械击我面部，我左手背棍屈肘上提竖棍于胸前，向左外侧将歹徒器械格挡出去，随即我左脚上前一大步，用右拳击打歹徒面部。（图101、图102）

图 101

图 102

（十四）退步防下

重心后移，身体右转90°，左脚收回落于右脚内侧，两膝关节屈曲半蹲；同时右拳收回到腰间，左手持棍屈肘内旋经体前向下伸直肘关节向外防出；目视左前方。（图103）

要点：左脚回收要快，半蹲身时要立腰；左手外格挡的位置要低。

图 103

实用方法：

这是一个防守性动作，我左侧对歹徒，歹徒用腿踢或用器械攻击我左小腿时，我迅速收左脚至右脚旁并屈膝半蹲，左手背棍由前向后将歹徒器械防出。（图 104、图 105）

图 104

图 105

第二节 套路说明及实用方法

(十五) 边腿摆拳

(1) 左脚向左前方上一大步，膝关节弯曲成左弓步；同时左手持棍由下屈肘向内、向上、向外格出；目视前方。（图106）

图106

(2) 左膝关节外展，身体重心前移并左转，右腿提起随身体左转之势向右前上方摆踢；同时右拳由腰间屈肘向后摆出；目视右前方。（图107）

图107

(3) 右脚向前落步，膝关节弯曲成右弓步；左手持棍屈肘收回至腰间；右拳由后方向前摆击；目视前方。（图108）

图108

要点：左手竖棍要直，外格挡到一定位置要制动；摆踢腿要以腰发动，以髋带腿，摆踢要有力；右脚向前落步要稳，摆拳力要短促。

实用方法：

这是一个防守后再连续进攻的动作。我左脚在前，左手背棍，身体的正面对歹徒。歹徒用器械横击我左肩部，我左手背棍屈肘由右内向外格出，接着我提右腿用脚摆踢歹徒左侧头颈部；若摆踢腿击空，右脚迅速向前落步，右手握拳由右向前摆击歹徒头部。（图109—图111）

图109

图 110 　　　　　　　　　图 111

（十六）拧腕压肘

右拳变掌旋腕抓握翻腕拳心向上，并屈肘收回腰间；同时左脚上前一大步，膝关节伸直，身体右转180°成右弓步，左手持棍屈肘上抬随身体右转之势向右下压出；目视右前下方。（图112、图113）

图 112 　　　　　　　　　图 113

要点：旋腕抓握要快，屈肘回收与向右转体要同时进行；左手持棍下压时上体要随之前倾。

实用方法：

我右侧对歹徒，歹徒用拳或匕首刺我胸部，我身体快速向左躲闪，同时我伸右手抓住歹徒右手腕，外旋臂拧腕屈肘回带，迫使歹徒身体重心前移。接着我身体右转，右脚后撤一大步，用脚和腿扣别住歹徒的双腿，左手背棍屈肘上抬至胸前，用棍子中部向右下用力压砸歹徒肘部，同时身体继续右转至180°，将歹徒摔倒在地。（图114—图116附图）

图114

图115

图 116　　　　　　　　　图 116 附图

（十七）转身顶棍

身体左转，左腿膝关节弯曲成左弓步；同时右拳松开手心向下抓握住左手虎口前棍端，随身体左转之势，向左前方引棍，待身体转到位后双手用力向左后方顶出；目视左后方。（图 117）

图 117

要点：转体要快，后顶棍时要用寸劲。

实用方法：

我左脚在前，双手体前持棍而立，歹徒从背后抱住我腰部，我猛然屈肘迫使歹徒抱我之臂松动，我两前臂屈肘上抬，右臂前伸远引，使棍子末端向后，左手滑把靠近右手握于左手虎口前的棍柄上，双手一齐用力向后顶出，同时身体快速左转，以加大后顶力量。（图118、图119）

图118

图119

（十八）弓步平扫

右脚上前一大步，膝关节弯曲成右弓步；右手持棍从左手中抽出由左向前平扫出，棍高与肩平；左手握拳翻腕拳心向上收回到腰间；目视右前方。（图120）

要点： 右脚上步要稳，平扫棍的幅度要大，力达棍端。

53

实用短棍术

图120

实用方法：

这是一个以静制动之招。我两臂下垂于体前，两手虎口相对握住棍两端，右脚在前，左脚在后，身体右侧面对歹徒，眼睛看着对方。待歹徒刚要动之际，我突然右脚上前一大步，右手将棍子从左手中抽出，由左向前平扫出，击打歹徒持械的右手腕。（图121、图122）

图121

图 122

（十九）压腕前顶

（1）身体稍右转，右手持棍屈肘回收至腰间，左手前伸拳变掌，掌心向下，虎口向内与右手虎口相对握于棍的另一端。（图 123）

图 123

（2）身体左转 180°，左腿膝关节弯曲半蹲，右腿膝关节弯曲下跪着地；随身体左转之势左手持棍收回腰间，右手持棍向前下压出；目视前下方。（图 124）

图 124

(3) 身体右转，左腿伸直，右腿膝关节弯曲成右弓步；两手持棍向右前方顶出；目视前方。（图125）

图 125

要点：右手后撤与左手前伸抓握棍的动作要连贯；转体下压要快。身体开始右转时棍要向左后侧引；棍向前顶要迅速有力。

实用方法：

这是一个被动擒拿，拿后再打之动作。我右手棍在击歹徒时，被歹徒左手抓住棍子的末端，我右手快速屈肘回收，左手前伸握住歹徒抓棍之手，而后屈肘回带，左脚后撤，身体左

转，左臂外旋，迫使歹徒的左臂内旋，肘关节伸直成反关节的位置，接着我右手向左前下推压歹徒的肘关节。（图126—图128）

图 126

图 127　　　　　　　图 128

若我对付的不是一个歹徒的话，就不能只用擒拿方法控制住其中的某一个人，而不进行其他的动作。需要使先拿住的受创失去反抗能力,以便腾出手来对付其他的歹徒。在我制服前一个歹徒后,我迅速右转体,身体重心前移成右弓步,两手持棍右手在前,向歹徒腰部顶出。(图129)

图129

(二十) 外格下防

(1) 左脚上前一大步,膝关节弯曲成左弓步;双手持棍左手上举,右手在下使棍竖举在体前,随左脚上步之势双手持棍稍向体右侧引动后,向左侧格出。(图130)

图130

(2) 身体重心前移,右腿提起,左腿膝关节伸直;右手持棍从左手中向右下方抽出棍的另一端,而后向右下方格出;左手松棍后成掌,屈肘至胸前,掌心朝下,手指向右;目视右下方。(图 131)

图 131

要点：外格挡时臂要伸直,下防时提膝要迅速,高度要过髋,身体要稍前倾。

实用方法：

这是一个对付两个歹徒的防守动作。我面对一歹徒,两手于体前握住棍子的两端,分腿自然站立,我左侧之歹徒持械击我左侧肩部,我左手在上,右手在下,竖棍向左外侧面防出;右侧之歹徒又趁机攻击我右下肢,我迅速提右腿,身体右转,右手持棍由左上方向右下方扫挡歹徒的器械。(图 132—图 134)

实用短棍术

图132

图133

图134

60

第三段

(二十一) 震脚上架

右脚脚尖外展用力下震脚落地，同时左脚迅速提起，身体右转；右手持棍屈肘经腹前上抬，棍头斜向左下架于头前上方，同时左手掌由胸前下按压至腹前后，摆至体侧后方，掌心朝后，手指朝下；眼看左前方。（图135）

图 135

要点：右脚踏地下震要用力，身体重心起伏不要过大；右手由下上架要用力。

实用方法：

我正面对歹徒，左脚在前，右手持棍于体侧，歹徒持械由

上向下劈我头部，我右手持棍由下向上掤架于头前上方；同时抬起左脚弹踢歹徒裆腹部；目视前方。（图136—图138）

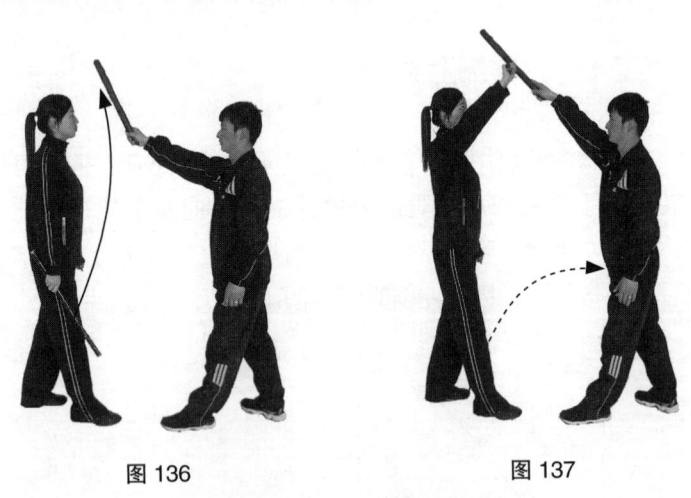

图 136

图 137

图 138

（二十二）弓步劈挑

（1）左脚向前一大步落地，身体右转180°成右弓步；右

手持棍由头上方向右劈出，左掌变拳收回腰间；眼看右前方。（图 139）

图 139

（2）身体左转 180°，左膝关节弯曲成左弓步；右手持棍向下、向左撩起，在经体前时手臂内旋挑腕，使棍头在前，右臂用力向前上方挑击；同时左拳变掌由腰间屈肘向上架于头前上方；目视前方。（图 140）

图 140

要点：右转身劈棍和左转身撩棍与挑棍要连贯完成，挑棍劲要达棍头。

实用方法：

这是一个对付两个歹徒的连环动作。在我右侧的歹徒举械欲劈击我头部，我突然上右步，右手持棍由左经上向右劈击其头部；这时我左侧的歹徒会乘机用械劈击我身体左侧，我快速向左转身，左臂屈肘上架住歹徒的器械，右手持棍由下向上挑击歹徒腹部或下颌。（图141—图143）

图141

图142

图 143

(二十三) 上步劈棍

(1) 下肢不动，躯干稍向左转；右手持棍向左下方扫劈，同时左掌由头前上方下落至左腰侧，手心朝前下方，拍击右前臂内侧；目视左下方。（图 144）

图 144

(2) 右脚上前一大步，膝关节弯曲成右弓步；右手持棍由左下方向上、向前劈出；左手握拳翻腕使拳心向上收于左腰间；目视前方。（图145）

图145

要点：棍向左下方劈扫时，手腕要有向外的撑力；棍至体侧时要有所制动，扫棍与劈棍动作要连贯完成，劈棍时力达棍端，高与肩平。

实用方法：

歹徒用器械扫击我左腿部，我右手持棍，由体前向左下格防出，然后我右脚上前一大步，右手棍由左后向上、向前劈击歹徒头颈部。（图146—图148）

注：在单手持棍防守歹徒扫腿时，为避免歹徒的器械打在我防守的棍子上造成间接伤，为增加防守力度，我左手应附在右手腕处，以增加外撑力量。

图 146

图 147

图 148

第二节 套路说明及实用方法

(二十四) 缠腕弹拳

(1) 右手持棍坐腕使棍梢向左，接着右臂屈肘，同时前臂外旋，使握棍手心向上，棍梢由左向右划一立圆。（图149）

图149

(2) 身体稍右转，左手从右臂下伸出，手心向下抓握住棍子，两手用力下压并回收。（图150、图151）

图150 　　　　　　　　　图151

（3）身体左转，右脚尖内扣，两腿膝关节弯曲半蹲成马步；右手松棍握拳，手心向内，屈肘于胸前，然后右拳拳眼向上由胸前向右侧弹击；左手持棍，手心向内、棍头朝后下收于腰间；目视右前方。（图152）

图152

要点：右手坐腕、屈肘、旋臂动作要连续完成；左手由下穿出的抓握位置要靠近右手；右手反弹拳要以腰发力，力达拳背。

实用方法：

这是一个典型的擒拿动作。我右手持棍击歹徒时，被歹徒右手抓住手腕，我右手用力屈肘回收，同时手臂外旋，右手棍横压在歹徒握我的手腕之上，我左手由右手前臂下穿出，握住棍子靠近歹徒手腕的部位，两手用力下压并稍左转体，将歹徒握我手腕之手扣压在我右手臂和棍子之间（图153—图155附图）。如遇歹徒较多，为防止受到其他歹徒的攻击，我两手用力压别歹徒手腕后，右手放开棍子握拳收于胸前，而后用拳背弹击歹徒面部。（图156）

实用短棍术

图 153

图 154

图 155

图 155 附图

图 156

70

(二十五) 弓步肘击

(1) 身体右转 90°，左腿蹬直成右弓步，左手持棍随身体右转之势由腰间向上抬起，右手由拳变掌屈肘回收，在腰腹侧拍击左手棍把端，使棍子从左手中向后滑窜。（图 157）

图 157

(2) 左脚上前一大步，膝关节弯曲成左弓步；左臂屈肘由左向前击出，力达棍端；同时右掌由左向前、向右旋腕抓握成拳，屈肘收回腰间；目视前方。（图 158）

图 158

要点：右手拍击左手棍把端时用力要适度；上步抓握时抢臂要与转体同时进行，左臂肘击时要等左脚落稳后，再由腰部发力击出。

实用方法：

我左手背后持棍，右脚在前面对歹徒而立，歹徒右手持匕首攻击我腹部。我含胸收腹，右脚后退半步，右手掌心向外、虎口向前抓握歹徒右手腕，身体右转，右手将歹徒右臂向右后领带。接着我左脚上前一步，左臂抬起屈肘，随身体右转之势，带动前臂向前，用左手棍末端侧面击打歹徒头部。（图159、图160）

图159　　　　　　　　图160

（二十六）震脚架勾

（1）身体重心前移，右脚提起向前至左脚旁而后用力踏脚下震，同时左腿提起；左手持棍屈肘下压至腹前，右拳由腰间

向后引拉；目视前方。（图 161）

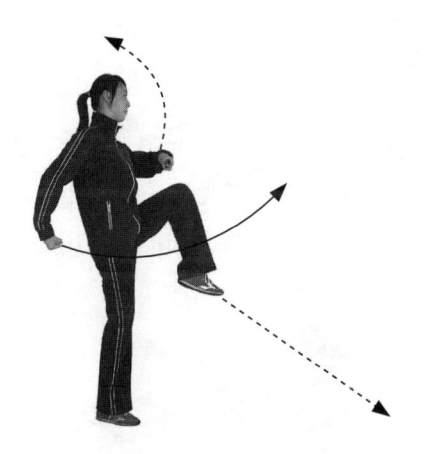

图 161

（2）左脚向前一大步落地，膝关节弯曲成左弓步；左手持棍前臂稍外旋，屈肘上架于头前上方；同时右臂屈肘，右拳拳心向上，由腰间向前上方勾击；目视前方。（图 162）

图 162

要点：身体重心前移要快，右脚跟步下震要有力，左腿上提与左手下压动作要协调连贯；上架棍与右手勾击动作要一致。

实用方法一：

我左手背后持棍面向歹徒而立。歹徒用右拳击我面部，我右手前伸抓握住歹徒右手腕，右臂用力外旋，屈肘回收，迫使歹徒臂内旋前伸，随即我左臂屈肘上提，由胸前向下压住歹徒肘部，迫使歹徒身体前倾，继而我提右腿用膝关节撞击歹徒胸部或面部。（图163—图165）

图 163

图 164

图 165

实用方法二：

歹徒用器械由上向下劈击我头部时，我左脚上前一大步，左臂屈肘上举，用左手背棍上架掤住歹徒器械，右手握拳向前上勾击歹徒腹部或下颌。（图166、图167）

图166　　　　　　　　图167

（二十七）侧踹跪击

（1）身体向左转体90°，身体重心前移，左腿膝关节伸直，右腿提膝，脚尖勾起内扣，用脚底部位向右侧猛力踹出；同时左手持棍屈肘下落至腹前稍左部位，手心向内；右手屈肘内收，手心向内握于左手虎口前棍端；左手滑向棍的另一端；目视右前方。（图168）

（2）身体向右转体90°，重心前移，右脚向前落步，膝关节弯曲半蹲，左脚向前跟进半步，脚尖着地屈膝跪地；在上步的过程中左手要向棍梢部位滑动，紧握棍梢端；在左脚向前跟进的同时，两手持棍向前顶出；目视前方。（图169）

图 168

图 169

要点：踹腿时屈膝上提要高，随身体左转踹腿要快速有力，力达脚跟；跪腿前击时，左腿跟步要快，左手滑把要适度；戳棍时棍要随身体重心前移向前顶出，力达棍把。

实用方法：

这是一个连续击歹徒的动作。我左脚在前，左手背棍，正面面对歹徒。歹徒用器械由右击我左侧，我左手背棍由内向外防出，接着我身体左转抬起右腿向前踹击歹徒腹部，为防止腿击落空，我右腿紧接着向前落步，左脚再快速跟进落于右脚旁，屈膝半蹲，同时右手接握左手棍端，两手持棍向前戳击歹徒腹部。（图 170—图 172）

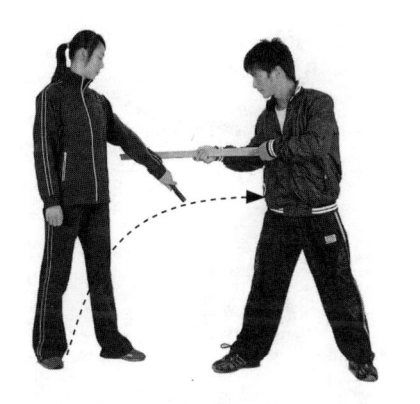

图 170

图 171 　　　　　　　　图 172

(二十八) 上步前点

左脚向前上半步，膝关节稍弯曲，脚尖点地；右手持棍屈肘回收，前臂外旋使棍上竖，同时左手持棍上抬，在上抬的过程中松棍再握于棍的中部，虎口与右手虎口方向相同；两手合力使棍梢端由上向前点击。（图 173）

实用短棍术

图 173

要点：前点棍时要与左脚上步协调一致，倒手换把要快，前点棍力达棍梢。

实用方法：

这是一个被抓解脱反击的动作。歹徒右手抓住我持棍的右手腕，我右手臂旋外用棍把端别压歹徒抓我之手腕，同时我左手握棍的中部，随右臂的翻转，双手合力向前击打歹徒面部。（图 174、图 175）

图 174 　　　　　　　　　图 175

78

(二十九) 进步上挑

身体重心前移，左脚全掌着地，膝关节稍弯曲，右脚上前半步脚全掌着地，膝关节稍弯曲；左手持棍由棍中部滑向棍把端，同时屈肘回收至胸前，右手松棍翻腕掌心向前握于棍的中部，两手合力使棍梢端由下向前上方挑击；目视前方。（图 176）

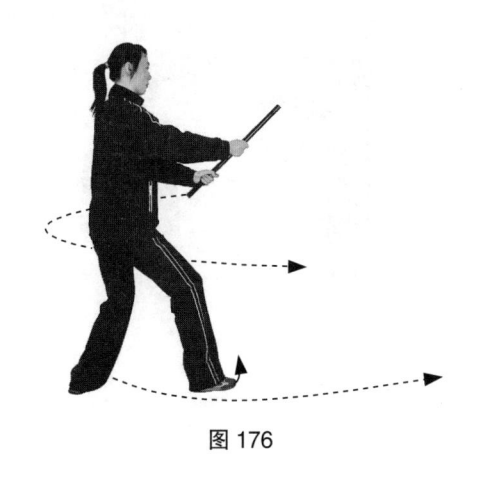

图 176

要点： 上挑棍要与右脚上步协调一致，倒手换把要快，上挑棍时右手上挑与左手下压要协调用力，上挑力达棍把。

实用方法：

我两手持棍于体前，左脚在前正面面对歹徒。歹徒用器械由右击打我左侧，我左手在上、右手在下竖棍向右外侧格挡住歹徒械具，而后我右脚上前一步，右手快速换手虎口朝棍把端握于棍的中段，左手向左下下压并前送，同时右手持棍向上抬起，用棍的把端挑击歹徒的下颌。（图 177—图 179）

实用短棍术

图 177

图 178

图 179

(三十) 转身戳棍

右脚尖里扣，身体左后转体 180°，左脚后退一步，膝关节伸直成右弓步；随身体左转之势，双手均向棍把端滑动，左手滑把至棍中间，右手滑动至棍把端，两手持棍屈肘回收贴近身体左侧，随身体的转动，将棍梢端从左肘下用力后戳；目视左后侧。（图 180）

图 180

要点：转身后戳棍时双手滑把要快，撤步、转身和戳棍要一起完成，力达棍梢。

实用方法：

歹徒从我背后偏左侧位抱住我的腰部，我身体猛然左转，同时我两手握棍，由左腋下穿出，随身体左转之势向后戳击对方腹部。（图 181、图 182）

图181　　　　　　　　　图182

第四段

(三十一) 外格下劈

(1) 身体右转180°，左脚向前跟半步，膝关节伸直，脚尖外撇；右手松棍换成虎口向左，掌心向下再握于棍端，同时从左手中抽出棍子，手臂外旋使棍子上竖并向右侧格出；目视右前方。（图183）

图183

（2）身体继续右转，左脚向前一步，脚尖内扣，两腿膝关节弯曲成马步；同时左手向前伸出，在身体右侧包握右手，两手持棍上举至头上方，随身体重心下降之势向前劈击；目视前方。（图184、图184附图）

图184

图184附图

要点： 右手外格至右肩外侧时要有突然的制动，双手下劈棍时要与马步动作协调一致，同时完成，力达棍前部。

实用方法：

我右侧面对歹徒，歹徒用器械攻击我右额部，我右手持棍屈肘上举，由体前向右外格挡，紧接着我身体右转，左脚左前上步，与歹徒成正面相对，我右手棍在将歹徒器械防出后，随身体右转上举，左手也随之上举，在头顶前上方左手握住右手背，两手用力由上向前下方劈击歹徒头部。（图185—图187）

实用短棍术

图 185

图 186

图 187

(三十二) 防打别臂

(1) 身体重心抬起，膝关节伸直，两脚位置不变；左手松棍，右手持棍回收至腰间；左手手心向外虎口与右手虎口相对，抓握住棍梢端。（图 188、图 188 附图）

图 188　　　　　　图 188 附图

(2) 右手松开棍子变拳，拳心朝上收于腰间；左臂屈肘外旋使左手心朝上，棍梢指向左前方；同时身体左转 90°，左腿弯曲，右腿蹬直成左弓步；眼看左前方。（图 189）

(3) 右手松拳变掌，手心朝下经腹前向左前方伸出，虎口与左手虎口相对，抓握住棍的把端；同时右脚向前一大步，右腿弯曲，左腿蹬直成右弓步；眼看右前方。（图 190）

要点：左手脱手再握要快，左臂外旋转腕棍要走立圆，在左臂外旋转腕的同时身体要向左转，继而右脚上步与右手前伸要同时进行，右手握棍后要用力下压。

实用短棍术

图189

图190

实用方法：

我右手持棍，棍被歹徒右手抓住棍梢端，我左手前伸抓握住歹徒的右手小指部位，将其手固定在棍子上不得使之挣脱，接着右手松开棍子，左手紧扣歹徒手指做手臂外旋动作，带动歹徒的右手臂也跟着外旋至重心不稳身体后仰。继而我右脚向左前方上一大步，至歹徒的右脚跟后；右手前伸由歹徒右臂下穿出，手心朝下抓握住棍的把端；同时身体躯干配合右手用力前下压以致歹徒倾倒被制服。（图191—图194）

图 191

图 192    图 192 附图

图 193    图 194

第二节 套路说明及实用方法

87

（三十三）前后连打

（1）左手松开棍子变拳收回腰间，右手持棍手臂外旋使棍子竖起；身体躯干抬起并向右转体，右脚向右上一大步成右弓步，右手持棍随身体的转动，由左向上、向右劈出；目视右侧。（图195）

图195

（2）身体左转，右脚向左前方上一大步，膝关节弯曲成右弓步；右手持棍由右经下向前撩击。（图196）

（3）身体左转180°，左膝关节弯曲成左弓步；右手持棍由右向上、向前劈击，左手拳变掌前伸，手心向上虎口向前，接握右手腕于体前。（图197）

（4）左脚向右腿后退一步，膝关节伸直脚尖着地，右脚脚尖外撇，膝关节弯曲成弓步；右手持棍由前向下、向后撩出；左臂屈肘使掌心向右、手指向上附于右肩处；目视右后下方。（图198）

图 196

图 197

图 198

第二节 套路说明及实用方法

（5）右脚尖里扣，身体左转成右弓步；右手持棍由后向下、向前撩击；左臂屈肘掌心向下，手指向右扶于右前臂中间；目视前方。（图199）

图199

要点：撩击与劈棍时，棍均要靠近身体成弧形运动，整个动作要一气完成。

实用方法一：我双手体前分握棍，两脚平行站立，我身体左右各有一个歹徒，我右侧之歹徒先用器械击我身体右侧，我右手持棍屈臂上举，由体前向右外侧用力将歹徒器械格挡出，此时我左侧之歹徒趁机向我攻击，我身体迅速左转180°，左臂屈肘上架歹徒右臂并向外拨出，同时我右手持棍由下向前撩击歹徒裆部。（图200—图202）

图 200

图 201

图 202

第二节 套路说明及实用方法

实用短棍术

实用方法二：我站于两个歹徒之间，两脚平行站立，我身体左右各有一个歹徒。在歹徒尚未动手之前，我主动出击，右手棍由上向侧劈击歹徒的头部；另一歹徒持器械欲攻击我头部，我迅速弓身后退，身体向右转，右手棍由前向下、向后撩击歹徒裆部。（图203—图205）

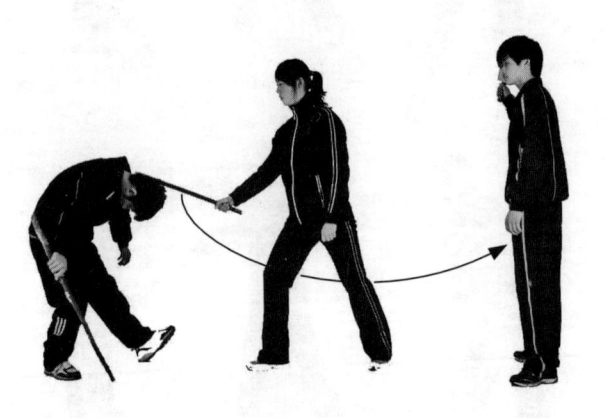

图203

图204

图 205

(三十四) 后敲前劈

（1）右脚蹬地提起后退一步，落于左脚内侧，两腿屈膝成半蹲；右手持棍屈肘回收，同时左手握住右手外侧，两手持棍由右肩上方向后敲击。（图 206）

图 206

(2) 右脚快速后退一大步，左腿膝关节弯曲成左弓步；两手持棍由右肩上向前劈出；目视前方。（图 207）

图 207

要点：右脚后退并步与收棍向后敲击要同时完成，棍向后敲击时，手腕有一个压腕再屈肘挑腕动作；右腿退步成弓步时速度要快，前劈时要力达棍梢。

实用方法：

这是一个对付前后两个歹徒的动作。背后之歹徒由后抱住我腰部，我右手持棍屈肘上抬，左手在体前握于右手外侧，两手合力由右肩上方向后敲击抱腰之歹徒的头部；这时正面之歹徒趁机上步击我，我右脚后退一步，右手持棍，再从右肩上方向前劈击歹徒头部。（图 208—图 210）

图 208

图 209

图 210

第二节　套路说明及实用方法

95

（三十五）虚步推掌

身体重心后移至右腿，右腿屈膝半蹲，左脚回收半步脚尖点地成左虚步；左手松棍成掌，掌心向右，手指向上，由右手内侧沿棍轴向前推出；同时右手持棍回收至体后，棍梢斜下指向地面；目视推掌前方。（图211）

图211

要点：身体重心后移与右手持棍回收和左手前推要同时完成；推掌要力达掌根。

实用方法：歹徒右手抓住我右手棍梢，我身体重心后移，右手屈肘回抽；同时左手由腰间出击，掌心朝前，沿棍子向前用掌根拍击歹徒右手，即可解脱。（图212、图213）

图 212　　　　　　　　　　图 213

(三十六) 后蹬扫棍

（1）左脚后退一步，落于右脚内侧，身体重心移到左腿。(图 214)

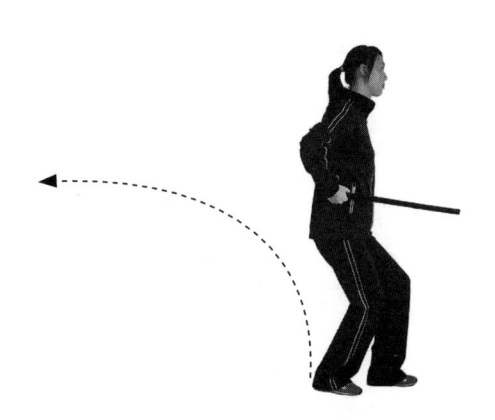

图 214

(2) 身体右转 90°，右腿屈膝提起，脚尖钩起向后用力蹬出；同时左手握拳回收至腰间；目视右后方。（图 215）

图 215

(3) 右脚向后落步，身体右转，右腿膝关节弯曲成右弓步；右手棍随身体重心前移由腰间稍向左侧伸出，而后向前平扫；目视前方。（图 216）

图 216

要点：左脚后蹬时提腿要高，后蹬要快速有力，力达脚后跟；右手扫棍时，要与右脚前落协调一致，力达棍前部。

实用方法：

这是一个对付从背后攻击我之歹徒的动作。右手持棍，自然站立，歹徒持械从背后向我进攻，我上体迅速前弓，身体重心后移，同时提右腿向身背后之歹徒的腹部蹬出。在歹徒被击后或者是躲开我腿的攻击之时，我身体右转，右脚向前落步，右手持棍由左向前扫击歹徒面部或腰部。（图217—图219）

图217

图218

第二节 套路说明及实用方法

图 219

(三十七) 拧腕锁臂

(1) 身体重心前移，左脚上前一步，落于右脚内侧成右虚步；右手持棍平屈肘回收，左拳变掌，掌心向上，手指向前伸出，握住棍的中间。（图 220）

图 220

(2) 右手松开棍子变掌，肘关节弯曲，手心向左，手指向上由下向上挑起，手指高与头平；左前臂内旋使虎口向上，持棍屈肘回收至腰间；目视前方。（图 221）

图 221

(3) 右脚向后退一大步，身体右转 180°，右腿膝关节弯曲成右弓步；随身体右转之势右前臂内旋，使掌心向外随即向右前下按出；目视右下方。（图 222）

图 222

要点：左脚前跟与左手握棍要同时完成；右手上挑高度要超过头，随身体右转时右侧前臂外旋要快，右手下按要有力。

实用方法：

这是一个被动擒拿的动作。在我右手持棍击歹徒时，被歹徒右手虎口向前，掌心向外抓住棍子中部，我左脚迅速跟进一步，落于右脚旁，同时右手屈肘回撤棍子，左手前伸掌心朝上由下握住歹徒握棍子的右手指，把歹徒手扣握在棍子上并向左下方拉带，然后我右手松开棍子，由下从歹徒右肘弯处向后上穿出，向上挑架歹徒右臂。而后我身体右转，重心后移，右脚向后撤一大步，同时，左手将歹徒右手固定在左腹前，右手前臂内旋前伸，压在歹徒肩部，肘关节伸直，左手向前、再向前推顶歹徒右手，将歹徒制拿住。（图223—图225）

图223

图224

图 225

(三十八) 弹踢压顶

（1）身体左转，左腿膝关节弯曲成左弓步；左手持棍屈肘上抬竖棍于胸前，随身体左转之势向左外格出；右手握拳收回腰间。（图 226）

图 226

(2) 身体重心前移，左腿膝关节伸直，右腿屈膝提起，脚尖绷直向前弹出，随后膝关节弯曲，小腿迅速收回。（图 227）

图 227

(3) 右脚在体前落地，左手持棍前伸，右手于体前掌心向下虎口与左手虎口相对握于棍的另一端，上举至过头的高度；目视前方。（图 228）

图 228

（4）接着两手向下压回收至腹前；同时左腿屈膝提起，向前上顶出；目视前方。（图229）

图229

要点：左臂随身体左转时，要屈肘贴身；弹踢腿时右腿要由屈到伸，快起快落；两手由上下压与提左膝要同时进行，提膝要高，两手下压到腹部。

实用方法：

我左手背后持棍，左侧面对歹徒。歹徒持械击我头部，我左手持棍屈肘外格，随之抬起右腿，向前弹击歹徒裆部或腹部。当歹徒被我踢中后必定有身体向前弯曲护痛的姿势，我右脚前落步，左手持棍前伸，超过歹徒头后，右手由歹徒头的左侧握住棍子的另一端，用棍子框住歹徒的颈后部用力下压，同时我提左腿用膝部向上猛撞歹徒胸部或下颌。（图230—图233）

实用短棍术

图 230

图 231

图 232

图 233

106

（三十九）外格别摔

（1）左脚向前落步，膝关节弯曲成左弓步；两手持棍前伸，左手在上、右手在下竖棍向右外格出。（图234）

图234

（2）右脚上前一大步，身体左后转180°，左腿弯曲成左弓步，身体前压；同时两手持棍随身体左转之势向左收带，左手收回腰间，右手下压在腹前；目视左前下方。（图235）

图235

要点：双手竖棍外格要用力，力点在棍中；右脚上步转体动作要协调，转体时右手有一上举前伸动作，以加大转体幅度。

实用方法：

我两手持棍于体前，左脚在前正面对歹徒。歹徒用器械由左击我右侧，我左手在上、右手在下竖棍向右外侧格挡，而后我右脚上前一大步，落在歹徒右脚的外侧；两手向前伸，左手持棍从歹徒头上绕过用棍子框住歹徒颈部，两臂屈肘下压并回带，同时我身体猛然左转，将歹徒摔倒在地。（图236—图240）

图236

图237

图 238   图 239

图 240

(四十) 上架侧劈

（1）下肢姿势不变，躯干抬起，两手持棍上举横架于头前上方。（图 241）

109

图 241

(2) 左手松开棍子，右手持棍屈肘下落，同时手臂外旋使虎口向后，棍置于右肩上方，左手握于右手外侧，双手持棍由右向前侧平击；目视前方。（图 242）

图 242

要点：两手上举横架要高过头；左手松手换握棍要快，劈棍力达棍梢。

实用方法：

我两手持棍于体前，左脚在前正面对歹徒。歹徒用器械由上向下劈击我头部，我双手持棍上举，于头前上方架防住歹徒器械。紧接着我左手松棍，右手持棍右臂屈肘，举棍至右肩侧时，左手再握住棍子，两手持棍由右侧用力向前平击歹徒头部。（图 243—图 245）

图 243

图 244

图 245

收势

（1）身体重心右移，身体右转，右臂屈肘回收；左手松棍换成掌心朝下，虎口向内，再握棍于右手虎口前，两臂于胸前屈肘，棍梢指向左前方；目视前方。（图246）

图246

（2）右手松棍握拳下放，稍屈臂垂于体侧；左手持棍压腕使棍身贴于前臂，稍屈臂于体侧；同时左脚收回落于右脚内侧成并步；目视左侧方。（图247）

（3）右拳松开，五指并拢朝下伸直，两臂直臂放松垂于体侧；目视前方。（图248）

要点： 左手换握要在重心移动中完成；并步架肘和转脸要同时完成。

图 247　　　　　　　图 248

第二节　套路说明及实用方法

113

第三节　短棍术学习建议及注意事项

短棍术是武术套路的一种形式，因此学习短棍术也应遵守武术学习的一般方法和步骤。

学习短棍术若有一定的武术基础是最好的，学习起来可以达到事半功倍的效果。这样在身心素质方面既占有优势，在技战术上亦具备很多有利条件。因此，对于初学短棍术者，最好有一定的武术基础，然后再学习短棍术。

如果无任何武术基础，而又偏爱短棍术技法，也可以学习，只不过较有基础者接受能力差一些，因此在学习的过程中要较有基础者慢，要有耐心，要持之以恒地去学习和磨炼。

自学短棍并不难，练习者应该相信，只要勤奋学习，刻苦磨炼，就一定会掌握短棍术技法。所谓自学短棍，就是指在没有教授者的情况下，仅仅依靠看书进行学习。虽然自学有很大难度，但实践证明自学是可行的，关键在于如何自学。不管是否有武术基础，看书学习短棍术，首先就要学会看懂武术图解知识。

一、学习武术图解知识

正确掌握武术图解知识，便于自学，对自修能力的培养和较好地理解技术动作，提高技术水平有着重要意义。

武术图解是记载武术动作和套路的重要方式，由插图和

文字说明两部分组成。插图是描绘动作姿势和身体各部位的运动路线和方向的。文字说明是讲解动作的详细过程、方法和要领的。

（一）运动方位

图解中的运动方位是以图中人的躯干为准，并且随着躯干姿势及其所处的位置变化而变化。图中的胸前为前，背后为后，左侧为左，右侧为右，向地心为下，离地心为上；另外，还有左前、左后、右前、右后之分（图249）。身体转动后方位也随之发生改变，但是仍以身体躯干正面所对的方向为前，不受头部和视线的影响。例如短棍术第一动震脚推掌，从"预备势"开始起，震右脚出左脚左转体180°成左弓步推掌动作，原来的"前面"方位也就随之改变到了左侧。（图250、图251）

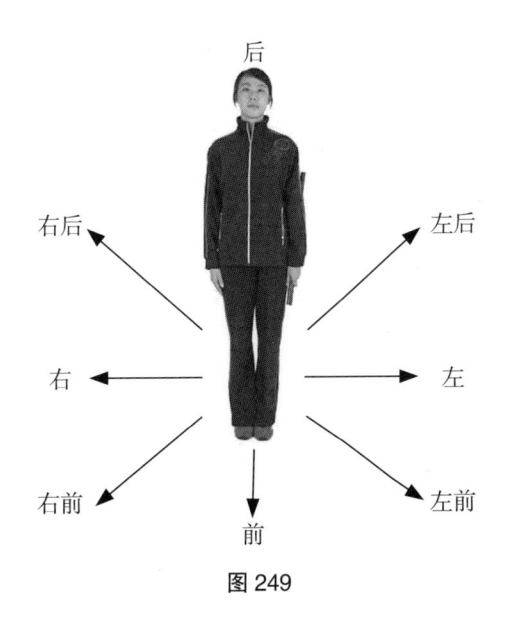

图249

第三节 短棍术学习建议及注意事项

实用短棍术

图 250

图 251

（二）图例

武术书籍中插图所描绘的动作分为动势图和定势图两个部分。

1. 定势图

插图所描绘的上一个动作的末图和下一动作的末图都是定势图，例如插图 252 至插图 256 共 5 幅图片，只有插图 252 和插图 256 是定势图。

116

图 252

图 253

图 254

图 255

第三节 短棍术学习建议及注意事项

117

图 256

2. 动势图

指两个定势图之间的，用来描述动作姿势的插图。一个动作名称只有一个定势，例如短棍术套路有四段共计 40 个动作名称，其定势就应该是 40 个。不要把分解动作当做定势，也不可把两个动作变成一个动作去完成。

明确了定势图和动势图以后，在学练的过程中，就应明了两个定势图之间的过程动作，图解无论有多少，都要不停顿地连贯完成。例如插图 252 至插图 256 共 5 幅图片，从弓步劈棍开始的蹬腿前戳动作，就应该从插图 253 做起，跳步蹬腿后左脚向前落步，紧接着右脚前跟并步半蹲，两手持棍用力前戳，4 个插图动作连接起来一气呵成。

3. 附图

在插图中，有的动作图解又另加一个附图，其目的是为了进一步清晰地表达动作或弥补因转身、背向时造成看不清动作姿势而附加的图片。例如防左撩击动作的第一动，由于身体左转而形成背向动作，为了看清楚由弓步变成提膝后的右手握棍

动作和左手的位置，就增加了一个正面的图，这样就可以清楚地看到正面的动作了。（图257—图258附图）

图257

图258 　　　　　　　　图258附图

第三节　短棍术学习建议及注意事项

（三）运动路线

武术插图中一般用虚线（┄┄┄▶）和实线（━━▶）表示该部位下一个动作将要进行的路线。箭头为止点，箭尾为起点。武术图书中插图一般采用的是左上肢和左下肢用虚线表示，右上肢和右下肢用实线表示。例如图259根据虚实线条的标注路线，由提膝独立开始，左脚前落成弓步，左臂上举成头上架棍，右臂由后向前勾击，形成弓步架勾拳动作。（图259、图260）

图259

图260

(四) 往返路线

短棍术套路是由四段构成，共两个来回。起势后是向左进行练习的，第二段向回练习，一般的武术套路基本上都是遵循着单趟向左，双趟或第 2 段则转回原来的右侧方向。弄清每段的前进方向之后，即使在前进中有转身的动作变化，转身后仍朝着原来的方向前进。这样每段的方向就不容易搞错。在学习比较复杂的套路时，每段的前进方向经常变化，这时可采用化整为零的方法，将一段分成若干小节来学习。套路的起势和收势应在同一方向，并且位置接近，如果练习中出现方向相反或不能基本还原，说明练习中运动方向出现了错误，则应对照图解，逐一检查和纠正。

(五) 文字叙述

文字叙述过程中，一般先写下肢（步型、步法、腿法等），继之写明运动方向（向前、向后、向左、向右等），再写上肢动作（手型、手法、持器械方法及运动方法），最后注明目视方向。个别情况下，也有以身体各部位运动的先后顺序来写。另外，短棍术文字说明中有"同时"的写法，则表示无论先写或后写的身体各部位都应一齐运动，如上下肢同时运动，先写下肢后写上肢。例如短棍术第二段的压棍截腿动作，就要求右手握拳回收和左手持棍下压以及与右脚向前蹬踏同时完成。（图 261、图 262）

图 261

图 262

(六) 要领说明

有些短棍术套路图解中,在动作的后面附有"要领"或"要点"之类的文字说明,提示该动作的技术要领,或者说明应注意之处。例如,后蹬扫棍的动作过程是:(1)左脚后退一步,落于右脚内侧。然后右腿屈膝提起,脚尖钩起,向后用力蹬出;同时左手握拳回收至腰间;目视右后方。(2)右脚向后落步,身体右转,右腿膝关节弯曲成右弓步;右手棍随身体重心前移由腰间稍向左侧伸出,而后向前平扫;目视前方。

后蹬扫棍的要点要求是:左脚后蹬时提腿要高,后蹬要快速有力,力达脚后跟;右手扫棍时,要与右脚前落协调一致,力达棍前部。(图263—图265)

图 263

图 264

图 265

第三节 短棍术学习建议及注意事项

因此，在学习短棍术时不光要看懂图例，还要仔细阅读文字说明和要领要求，认真领会，只有掌握了要领并反复练习，才能正确地完成该动作。

二、识图自学的方法与步骤

(一) 识图自学的方法与步骤

1. 个人自学法

个人自学法是在无人帮助的情况下采用的自学方法。这种方法适合于有一定武术技术基础和武术基本知识的学生学习。初学者采用此方法时困难较大。其学习方法和步骤如下：a. 看图和动作名称。首先，按照动作的先后顺序将 3~5 个动作划为一个小节，弄清动作名称和相应动作图的运动路线、方向及动作与动作间的衔接关系，然后，将这些动作一一试练、贯串，形成初步的动作概念。b. 看文字说明。建立起初步的动作概念后，再进一步认真阅读和理解文字说明，以便掌握正确的技术规格、理解动作细节。也可以通过文字说明来理解。此时可采用边看边做的方法，当逐个弄清每小节的各个动作的运动过程后，将这一小节的动作连贯起来进行反复练习，使之熟练。待逐个动作弄清后，整个一组动作即可进行比较连续的反复练习。c. 深化提高。当完成一个小节动作的学习后，应及时参照动作要领和要点进行深化提高。直到基本达到要求后，再进行下一个小节的学习。当前后小节分别掌握后，还应不断地连贯复习，熟练巩固，这样才能收

到良好的效果。当下一级的动作也按以上要求掌握后，应将前、后动作连贯复习，熟练巩固。以此进行下去。总之，要步步为营，边学习边巩固，不要囫囵吞枣，急于求成。这样，才能收到良好的效果。

2. 合作自学法

合作自学法是两人或多人相互配合共同学习的自学方法。这种学习方法有利于培养学生独立思维、认真钻研的学习作风，同时又强调了相互帮助、团结协作的精神，消除了依赖心理，达到了共同提高学习效果的目的。这种方法简单易行，对初学者较为合适。其学习方法和步骤如下：a. 明确分工。将自学者分为甲、乙两方。甲的任务是按照文字说明慢速正确地讲、读；乙方的任务是按照甲方讲、读的顺序和要求进行练习，并注意记忆。b. 检查学习。乙方学习的同时，甲方对照书上的图解检查乙方的动作路线和方法是否正确。如果两者相符，说明学习动作无误；否则，就应及时查对，找出原因，避免形成错误的动力定型。c. 互教互学。按上述步骤全部学完后，再由乙方教甲方。这样既简便又省时，而且不易遗漏动作。

以上两种自学方法可根据自学者技术情况和环境条件选用，也可结合起来应用。如先用"两人、多人配合自学法"将套路初步学会，再用 "个人自学法"逐个对动作进行校核，以便掌握动作细节，提高动作的准确性。

（二）短棍术识图自学过程中应注意的问题

（1）学习掌握武术图解知识，看图学练武术动作和套路是一个较为复杂的过程，必须由简到繁，由易到难，先学拳术，后学器械，反复实践，才能逐步掌握武术图解知识的规律。

（2）在学习过程中，应先学会看懂已学过的动作和套路的表示方法，如先学基本功和基本动作，这时就要看懂基本功和基本动作的图解，为学习复杂动作打好基础。

（3）遇到复杂动作时，可采用分解学习法，先学上肢动作，再学下肢动作，然后将上、下肢协调配合完成整个动作。

（4）初学套路时，应固定好方向。在没有熟练掌握套路之前不要经常变换练习位置，否则，容易弄错方向，不易记忆，影响学习效果。

（5）短棍术套路中的"眼法"是很重要的功法内容。运动时要做到"眼随手动"；静止时做到"目随势注"。在图解文字说明中，通常只写明了静止时对眼法的明确要求，而对动作过程中的眼法变化却很少说明。因此，在掌握动作后要特别注重眼法的配合练习。

（6）在短棍术书中的插图并没有将身体各部位的动作路线全部用箭头表示出来。在学练中，要详细阅读文字说明，以免漏做或错做动作。

（7）按照图解学完一个动作或套路后，还应该了解短棍术套路的整体技术风格。而这些在图解中却难以表达。因此，在练习中要重视了解有关运动特点和技术风格的阐述，探求和琢磨套路中拳理的意义。

三、注意事项

（1）学习短棍术要选择合适的平坦场地，初学者应选择安

静的场所，并注意周围是否有易碎物品等，尽可能地选择有利于集中注意力的场地为宜。

（2）学练短棍术前要穿着合适的训练服装和运动鞋等。在进行训练时，应将手表、眼镜和袋装物品从身上拿下放在安全处。需特别指出，为避免高帮鞋影响踝关节活动，建议学员穿软底、低帮运动鞋为佳。在束腰带时，应以自然适度为准，切勿因过紧而影响到呼吸、放松等。

（3）学习短棍术要进行必要的热身活动，以防止练习过程中肌肉或关节韧带的受伤。

（4）掌握必备的基本功、基本动作。对于自学者，应在短棍术整套动作学习之前，先掌握它的基本功和基本技术，如棍的基本握法，基本技法，相应的基本手型、步型、手法、步法，器械中的一些主要方法和把法等动作。

（5）学习短棍术应该科学地安排练习时间，有计划的进行，要持之以恒的锻炼，特别要保证训练不间断地长期进行。初学者掌握技、战术实质上是暂时性神经联系的建立，是条件反射和动力定型的形成。若训练中断，就会使建立起的暂时性神经联系逐步减弱、中断，条件反射减退和消失，影响技、战术水平的掌握和提高。

（6）在练习短棍术实用方法时，要集中注意力，一要熟练掌握动作，二要严肃认真不能开玩笑，要注意动作的规范性，陪练时慢动作轻打击，要掌握分寸，点到为止，要避免伤害对手。待动作熟练后可以逐步增大打击力度。

第四节　短棍术的准备活动

短棍术练习之前的准备活动是十分必要的，因为短棍术的学习和训练需要进行大量的身体活动。通过初步的，由简单到复杂，由缓慢到快节奏的轻快活动，可以提高中枢神经系统的兴奋性，使肌肉内的代谢过程加强，肌肉温度增高。体温调节功能加强，加快了肌肉收缩和放松的速度，降低了肌肉的黏滞性，对于因不当活动导致的运动损伤有着极大的预防作用。

准备活动还可以提高内脏器官的机能水平。内脏器官的机能特点之一为生理惰性较大，即当活动开始，肌肉发挥最大功能水平时，内脏器官并不能立即进入"最佳"活动状态。在正式开始体育锻炼前进行适当的准备活动，可以在一定程度上预先动员内脏器官的机能，使内脏器官的活动一开始就达到较高水平。另外，进行适当的准备活动还可以减轻开始运动时由于内脏器官的不适应所造成的不舒服感。

一、棍棒操第一套

(一)上肢运动

预备姿势：直立，两手体前握棍；

(1) 出左脚成开立，同时两臂前平举；
(2) 两手持棍胸前屈肘；
(3) 两臂前平举，还原（1）的动作；
(4) 左脚收回，两臂放下，还原成预备姿势；
(5) 至（8）动作同（1）至（4），唯方向相反。

第四节 短棍术的准备活动

预备势 　　　　　1 　　　　　2

3 　　　　　4

(二) 扩胸运动

预备姿势：直立，两手体前握棍；

预备势　　　1　　　2

3　　　4

(1) 左脚向前一步，重心前移，同时两臂上举；
(2) 两臂前平举；
(3) 还原（1）的动作；
(4) 左脚收回，两臂放下，还原成预备姿势；
(5) 至（8）动作同（1）至（4），唯出脚不同。

（三）下蹲运动

预备姿势：直立，两手体前握棍；
(1) 屈膝半蹲，大腿与地面平行，同时两臂前平举；
(2) 身体直立，左脚向左一步，同时两臂上举；
(3) 左脚收回屈膝半蹲，还原（1）的动作；
(4) 身体直立，两臂放下，还原成预备姿势；
(5) 至（8）动作同（1）至（4）。

预备势　　　1　　　2

(四) 踢腿运动

预备姿势：直立，两手体前握棍；
(1) 左脚向前一步，重心前移，同时两臂上举；
(2) 右脚脚尖绷直，向前上方踢出，同时两臂前平举；
(3) 右脚收回原位，两臂上举，还原（1）的动作；

3　　　　　　　4

(4) 身体直立，两臂放下，还原成预备姿势；
(5) 至（8）动作同（1）至（4），唯出脚不同。

（五）体侧运动

预备姿势：直立，两手体前握棍；
(1) 左脚向左一步，同时两臂上举；
(2) 身体向左侧屈；
(3) 身体直立，还原（1）的动作；
(4) 两臂放下于体前，还原成预备姿势；
(5) 至（8）动作同（1）至（4），唯出脚和侧屈方向相反。

第四节　短棍术的准备活动

实用短棍术

预备势　　　　　1　　　　　2

3　　　　　4

(六) 体转运动

预备姿势：直立，两手体前握棍；

(1) 左脚向左一步，同时两臂前平举；
(2) 身体向右转体；
(3) 身体向左转体，还原(1)的动作；
(4) 两臂放下于体前，还原成预备姿势；
(5) 至(8) 动作同(1)至(4)，唯出脚和体转方向相反。

预备势　　　　　1　　　　　2

3　　　　　4

(七)腹背运动

预备姿势:直立,两手体前握棍;

预备势　1　2

3　4

（1）左脚向左一步，同时两臂上举；
（2）身体体前屈，两臂向下垂向地面；
（3）身体直立，两臂上举，还原（1）的动作；
（4）两臂放下于体前，还原成预备姿势；
（5）至（8）动作同（1）至（4），唯出脚不同。

（八）跳跃运动

预备姿势：直立，两手体前握棍；
（1）两脚跳起成左右开立，同时两臂平举；
（2）两脚跳起成并立，同时两臂上举；
（3）两脚跳起成左右开立，同时两臂平举；
（4）两臂放下于体前，还原成预备姿势；
（5）至（8）动作同（1）至（4）。

预备势　　　　　1　　　　　2

3 　　　　　　　4

二、棍棒操第二套

(一) 上肢运动

预备姿势：直立，两手体前握棍；

预备势 　　　　　1 　　　　　　　2

第四节 短棍术的准备活动

(1) 出左脚成开立，同时两臂前平举；
(2) 两手持棍颈后屈肘；
(3) 两臂上举，还原（1）的动作；
(4) 左脚收回，两臂放下，还原成预备姿势；
(5) 至（8）动作同（1）至（4），唯出脚不同。

(二) 扩胸运动

预备姿势：直立，两手体前握棍；
(1) 左脚向前一大步成弓步，同时两臂前平举；
(2) 两手持棍上举；
(3) 两臂前平举，还原（1）的动作；
(4) 左脚收回，两臂放下，还原成预备姿势；
(5) 至（8）动作同（1）至（4），唯出脚不同。

预备势　　　　　　　1　　　　　　　2

3　　　　　　　4

(三) 下肢运动

预备姿势：直立，两手体前握棍；
(1) 出左脚成开立，同时两臂前平举；
(2) 两手持棍体前下放，同时右腿屈膝提起，膝关节由两

手之间上抬;

(3) 右腿放下,两臂上举,还原(1)的动作;

(4) 左脚收回,两臂放下,还原成预备姿势;

(5) 至(8) 动作同(1) 至(4),唯提腿不同。

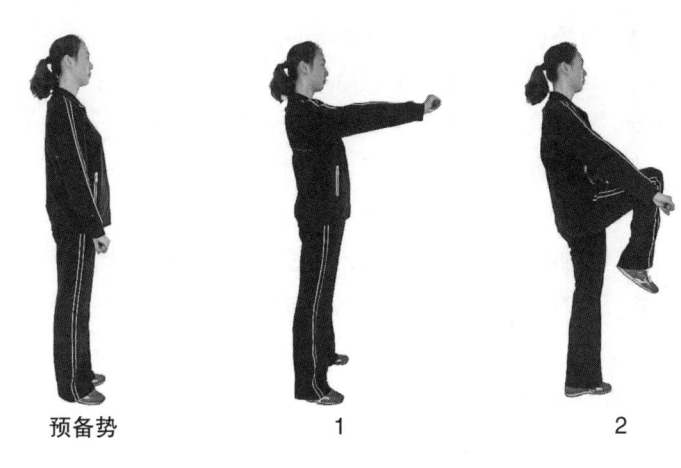

预备势　　　　　　1　　　　　　2

3　　　　　　4

第四节　短棍术的准备活动

(四) 体侧运动

预备姿势：直立，两手体前握棍；
（1）出左脚成开立，同时两臂上举；
（2）两手持棍颈后屈肘；
（3）身体向右侧屈1次后还原成（2）的动作；
（4）身体向右再侧屈1次后还原成（2）的动作；
（5）身体向左侧屈1次后还原成（2）的动作；
（6）身体向左再侧屈1次后还原成（2）的动作；
（7）两臂上举，还原（1）的动作；
（8）左脚收回，两臂放下，还原成预备姿势。
第二个八拍动作同第一个八拍动作，唯出脚和侧屈不同。

预备势　　　1　　　2　　　3-4

5-6 　　　　　　　　7 　　　　　　　　8

(五) 体转运动

预备姿势：直立，两手体前握棍；

(1) 出左脚成开立，同时两臂上举；
(2) 两手持棍颈后屈肘；
(3) 身体向右转体 1 次后还原成 (2) 的动作；
(4) 身体向右再转体 1 次后还原成 (2) 的动作；
(5) 身体向左转体 1 次后还原成 (2) 的动作；
(6) 身体向左再转体 1 次后还原成 (2) 的动作；
(7) 两臂上举，还原 (1) 的动作；
(8) 左脚收回，两臂放下，还原成预备姿势。

第二个八拍动作同第一个八拍动作，唯出脚和体转方向相反。

预备势　　　　　1　　　　　2　　　　　3-4

5-6　　　　　7　　　　　8

（六）全身运动

预备姿势：直立，两手体前握棍；

(1) 出左脚成开立，同时两臂上举；
(2) 身体体前屈，两臂向下垂向地面；
(3) 屈膝半蹲，大腿与地面平行，同时两臂前平举；
(4) 身体直立，左脚收回，两臂放下，还原成预备姿势；
(5) 至（8）动作同（1）至（4），唯出脚方向相反。

预备势 　　　　　1 　　　　　2

3 　　　　　4

（七）仆步运动

预备姿势：直立，两手体前握棍；

预备势　　　　　　　1

2　　　　　　　3　　　　　　　4

（1）左脚向左一大步成左弓步，同时双手持棍成左臂平举，右臂胸前屈肘；

（2）身体重心右移，右腿屈膝全蹲，左腿平铺伸直成仆步，同时双手持棍成右臂右上屈肘，左手右膝内侧下握棍；

（3）身体重心起，仆步变弓步，还原（1）的动作；

（4）左脚收回，两臂放下，还原成预备姿势；

（5）至（8）动作同（1）至（4），唯出脚方向相反。

（八）跳跃运动

预备姿势：直立，两手体前握棍；

（1）两脚跳起左脚向后摆起，同时两臂上举；

（2）右脚蹬地跳起向后摆，同时两臂收于体前；

（3）左脚蹬地跳起向后摆，同时两臂上举；

（4）（6）（8）动作同（2）；

（5）（7）动作同（3）；

（8）右脚放下两臂收于体前，还原成预备姿势。

预备势　　　　　1、5　　　　　2、6

3、7

4、8

8

三、棍棒操第三套

（一）上肢运动

预备姿势：直立，两手体前握棍；
(1) 出左脚成开立，同时两臂上举；
(2) 两手持棍颈后屈肘；
(3) 两臂上举，还原（1）的动作；
(4) 左脚收回，两臂放下，还原成预备姿势；
(5) 至（8）动作同（1）至（4），唯出脚方向相反。

第四节 短棍术的准备活动

预备势

1

2

3

4

（二）体转运动

预备姿势：直立，两手体前握棍；

预备势　　　　1　　　　2

3　　　　4

（1）出左脚成开立，同时左手握棍侧平举；
（2）身体向右转体；
（3）身体向左转体，还原（1）的动作；
（4）左脚收回，两臂放下，体前握棍，还原成预备姿势；
（5）至（8）动作同（1）至（4），唯出脚、握棍手不同和方向相反。

（三）体侧运动

预备姿势：直立，两手体前握棍；
（1）出左脚成开立，同时左手握棍侧平举；
（2）左手持棍上举，身体向右侧屈；
（3）身体直立，还原（1）的动作；
（4）左脚收回，两臂放下，双手体前握棍，还原成预备姿势；
（5）至（8）动作同（1）至（4），唯出脚、握棍手不同和方向相反。

预备势　　　　　　　1

3

3

4

(四) 弓步压腿

预备姿势：直立，两手体前握棍；

（1）左脚向前一大步成左弓步，左手支撑膝关节处，右手持棍撑于地面，同时身体下振；

（2）至（8）身体各下振1次。

第二个八拍身体右后转体180°，棍换到左手，身体随节拍，每拍各下振1次。

预备势　　　　　　　　　1-8

2-8　　　　　　　　　还原

第四节　短棍术的准备活动

(五) 仆步压腿

预备姿势：直立，两手体前握棍；

（1）左脚向左一大步，左腿屈膝全蹲，右腿平铺伸直成仆步，双手持棍平置于体前地面，同时身体下振；

（2）至（8）身体各下振 1 次。

第二个八拍身体重心右移成右腿屈膝全蹲，左腿平铺伸直成左仆步，同时身体随节拍每拍各下振 1 次。

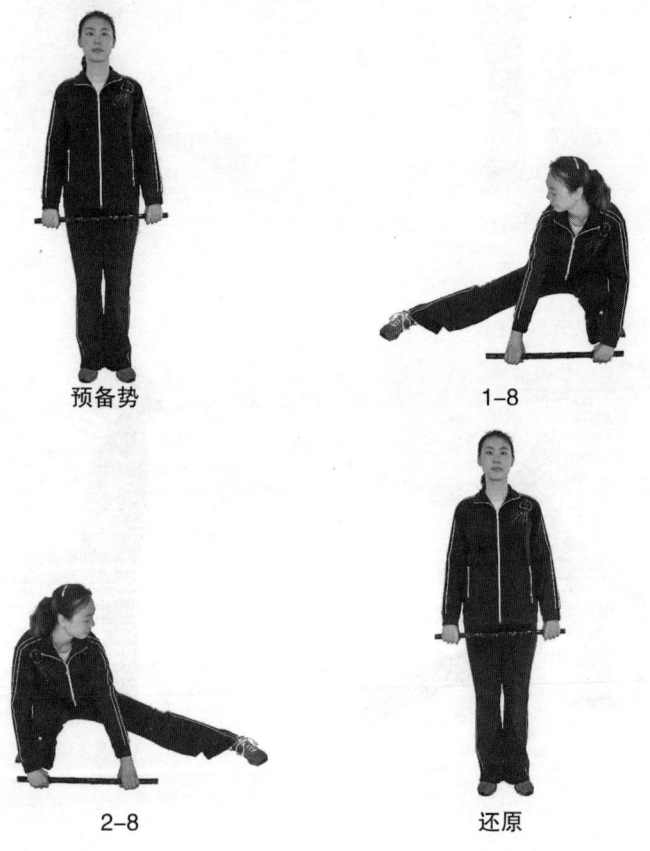

预备势

1-8

2-8

还原

(六) 踢腿运动

预备姿势：直立，两手体前握棍；

（1）左脚向左一大步成左弓步，同时双手持棍成左臂平举，右臂胸前屈肘；

（2）右腿直膝绷脚尖向左侧上方踢出，同时双手持棍向右侧平摆，成右臂平举，左臂胸前屈肘；

（3）右脚收回成左弓步，还原（1）的动作；

（4）左脚收回，两臂放下，还原成预备姿势；

（5）至（8）动作同（1）至（4），唯出脚、踢腿方向相反。

预备势

1

2

3 　　　　　　　　　　　4

(七) 腹背运动

预备姿势：直立，两手体前握棍；

预备势 　　　　1 　　　　　　2

3　　　　　　　　　4

(1) 左脚向前一大步成弓步，同时两臂上举；

(2) 身体重心后移，右腿屈膝，左腿伸直，身体前屈，两手持棍向下触及左小腿；

(3) 身体重心前移，成左弓步，两臂上举，还原（1）的动作；

(4) 左脚收回，两臂放下，还原成预备姿势；

(5) 至（8）动作同（1）至（4），唯出脚不同。

（八）跳跃运动

预备姿势：直立，两手体前握棍；

(1) 两脚跳起成左右开立，同时两臂持棍上举；

(2) 两脚跳起成并立，同时两臂持棍颈后屈肘；

(3) 两脚跳起成马步，同时两臂持棍上举；

(4) 两脚跳起成并立，两臂放下收于体前，还原成预备姿势；

(5) 至 (8) 动作同 (1) 至 (4)。

预备势 　　　　　　　1 　　　　　　　2

3 　　　　　　　4